Musique et autres poèmes

Henri Van Dyke

Writat

Cette édition parue en 2024

ISBN : 9789359948768

Publié par
Writat
email : info@writat.com

Contenu

ODE

MUSIQUE
I. PRÉLUDE

Fille de Psyché, gage de cela hier soir

Quand, transpercé de douleur et de plaisir aigre-doux,

Elle connut son Amour et vit son Seigneur partir,

Puis a respiré son émerveillement et son malheur désespéré

D'un seul cri, et tu es né ?

Toi, fleur de ravissement et fruit de chagrin ;

Enchanteresse invisible du cœur ;

Maîtresse des charmes qui soulagent

Au chagrin et à la joie transmettre

Un ton céleste qui le garde intact,—

Tu es l'enfant

D'Amor, et de droit divin

Un trône d'amour est à toi,

Toi, Reine aux plis de fleurs, à la ceinture d'or et à la couronne d'étoiles,

Dont les yeux des mortels n'ont jamais vu la beauté nuptiale !

II

Tu es l'Ange de la piscine qui dort,

Tandis que la paix et la joie se cachent dans ses profondeurs,

J'attends ton contact pour faire rouler les eaux

Dans des murmures curatifs autour de l'âme fatiguée.

Ah, quand vas-tu t'approcher,

Toi, messager de miséricorde, vêtu de chants ?

Mon cœur solitaire t'a longtemps écouté ;

Et maintenant il me semble entendre

À travers le marché bondé de la vie,

Ton pas mesuré, sonnant léger et clair

Au-dessus des bruits insignifiants et des conflits indisciplinés ;

Dans une cadence tranquille, douce et lente,

Aller et venir sereinement,

Tes pas lointains sont magiques et chers.

Ah, tourne par ici, approche-toi et parle-moi !

De ce lit de langueur, libère mon esprit,

Et dis-moi de me lever et de me laisser marcher un moment avec toi

III

Où me conduiras-tu en premier ?

Dans quelle région encore

De ton domaine,

Dont les provinces sont légion,

Veux-tu me rendre à nouveau à moi-même,

Et étancher la longue soif de mon cœur ?

Je te prie, dépose ta ceinture d'or,

Et range ta couronne étoilée :

Pour une chère heure de repos

Supposons un état plus doux.

Vêtu uniquement de ta robe brodée de fleurs

Qui respire le parfum familier de nombreuses fleurs,

Prenez le sentier bas qui mène à travers les pâturages verts ;

Et bien que tu sois une reine,

Sois Rosamund un moment, et dans ton berceau,

Par l'amour tranquille et la joie simple séduits,

Chante pour mon âme, comme une mère pour son enfant.

IV

O conduis-moi par la main,

Et laisse mon cœur se reposer,

Et ramène-moi au pays de l'enfance,

Pour retrouver le groupe perdu depuis longtemps

Des camarades de jeu joyeux et heureux.

Un air suranné et démodé,

Que tous les enfants savaient,

Courra devant nous partout,

Comme une petite servante aux cheveux volants,

Pour guider le joyeux équipage.

Le long des allées du jardin

Nous poursuivons la mélodie du pied léger,

Et dans et hors du labyrinthe fleuri,

Avec une hâte impatiente et des retards affectueux,

Dans les agréables sentiers du mois de juin.

Pour nous les domaines sont nouveaux,

Pour nous, les bois sont omniprésents

Avec des secrets de fées, profonds et vrais,

Et le paradis n'est qu'une tente bleue

Au-dessus du jeu de la vie.

Le monde est loin :

La fièvre et le trac,

Et tout ça fait grisonner le cœur,

Est hors de vue et loin,

Chère musique, pendant que je t'entends jouer

Cette vieille cocarde dorée,

"Souviens-toi et oublie!"

V. CHANSON DU SOMMEIL

Oublier oublier!

Le cours de la vie tourne ;

Les vagues de lumière refluent lentement vers l'ouest :

Au bord de l'obscurité, des étoiles brûlent

Pour guider ton esprit en toute sécurité vers une île de repos.

Un peu de bercement sur les profondeurs tranquilles

De chant, pour apaiser ton désir,

Un peu de sommeil et un peu de sommeil,

Et alors, oubliez, oubliez !

Oublier oublier,-

La journée fut longue dans le plaisir ;

Ses échos s'éteignent à travers la colline ;

Maintenant, laisse ton cœur battre le rythme à sa lente mesure

Cela gonfle, et coule, et s'évanouit, et tombe, jusqu'à ce que tout soit calme.

Alors, comme un enfant fatigué qui aime garder

Enfermé dans ses bras un trésor,

Ton âme dans le calme et le contentement s'endormira,

Et alors oublie, oublie.

Oublier oublier,-

Et si tu as pleuré,

Lâche les pensées qui t'attachent à ton chagrin :

Restez allongé et regardez les anges chanter, récoltant

La moisson dorée de ton chagrin, gerbe par gerbe ;

Ou compte tes joies comme des troupeaux de moutons blancs comme neige

Un par un, ils viennent en rampant

Dans le bercail tranquille, jusqu'à ce que tu dormes,

Et alors oubliez, oubliez !

Oublier oublier,-

Tu es un enfant et tu sais

Si peu de ta vie ! Mais la musique raconte

Un secret du monde à travers lequel tu vas

Travailler avec le chant du matin, se reposer avec les cloches du soir :

La vie est en harmonie avec une harmonie si profonde

Que quand les notes sont les plus basses

Tu peux encore t'allonger en paix et dormir,

Car Dieu n'oubliera pas.

VI. CHANSON DE CHASSE

Hors du jardin de récréation, hors du berceau du repos,

J'aurais volontiers suivi, pendant le jour, une musique qui appelle à une quête.

Écoutez, comment la mesure au galop

Accélère les pulsations du plaisir ;

Saluant gaiement le matin

Avec la longue note claire du cor de chasse

En écho de la vallée,

Du côté de la montagne,——

Rassemblez-vous, vous les chasseurs, rassemblez-vous,

Rassemblez-vous et roulez !

Boisson de la potion magique que la musique a mélangée à son vin,

Plein de folie du mouvement, joyeux, exultant, divin !

Laisse tous tes ennuis derrière toi,

Roulez là où ils ne pourront jamais vous trouver,

Dans la joie du matin,

Avec le son long et clair du cor de chasse,

Rapidement sur les collines et les creux,

Balayant avec le vent,—

Suivez, vous les chasseurs, suivez,

Suivez et trouvez !

Qu'allez-vous atteindre avec votre circonscription ? Quel est le charme de la chasse ?

Juste le plaisir et le rythme soutenu du rythme jubilatoire.

Le danger est doux quand tu lui fais face,—

A la mort, chaque chasseur !

Maintenant, c'est la brise qui porte la mort

Dans le son long et clair du cor de chasse,

S'enroulant joyeusement, encore et encore,—

Viens viens viens!

De retour à la maison, Ranger ! De retour à la maison, Rover !

Retournez, chez vous !

VII. MUSIQUE DE DANSE

Maintenant, laissez la mélodie du sommeil se mélanger à la mélodie du jeu,

Tisser le charme mystique de la danse ;

Allégez la mélodie grave, adoucissez la mélodie gaie,

Mêlez-vous à un tempo qui vire à la transe.

La moitié soupire, la moitié sourit,

Il se balance doucement, avec un triple battement ;

Appeler, répondre, aspirer, séduire,

Courtiser le cœur et envoûter les pieds.

Chaque goutte de sang

Se lève avec le déluge,

Se balancer sur les vagues de la tension ;

Glisse jeunesse et beauté

Tourner avec la marée—

La musique fait un sur deux,

Les emporter, et loin, et loin,

Comme un ton et son terce—

Jusqu'à ce que l'accord se dissolve et que les danseurs restent,

Et inversement.

Violons en tête, prenez la mesure,

Tournez à nouveau avec la mélodie, les clarinettes sont claires

Répondez à leurs supplications, des harpes pleines de plaisir

Saupoudrez leur lumière argentée sur le simple.

Notes doubles-croches,

Joyeux petits grains,

Emmêlé dans la brume

Des rayons dorés de la lampe,

Carquois partout

Dans l'air,

Comme un spray,—

Jusqu'à ce que la puissance de la mélodie soit pleinement diffusée,

Glissant comme un rêve à la lumière de la lune,

Les emporte tous loin, et loin, et loin,

Flottant dans la transe de la danse.

Alors commence une mesure majestueuse,

Languissant, lent, serein ;

Tous les danseurs bougent tranquillement,

Marchant tranquillement et droit,

Avec une allure courtoise ;

Croiser les mains et changer de place,

S'inclinant bas entre,

Pendant que le menuet s'enlace

Agitant les bras et les pas tissés,—

Damas scintillant.

Où est celle dont la forme est pliée

Dans son éclat royal ?

De nos yeux ardents retenus

Par sa ceinture mystique dorée,

Beauté recherchée mais jamais vue,

La musique parcourt le labyrinthe, une reine.

VIII. LA SYMPHONIE

Musique, ils te font du mal qui disent ton art

C'est seulement pour enchanter le sens.

Pour chaque mouvement timide du cœur,

Et chaque passion trop intense

Pour porter la chaîne de la parole imparfaite,

Et chaque désir tremblant, agité

Par les vents spirituels qui viennent, nous ne savons d'où

Et va on ne sait où,

Et chaque prière inarticulée

Battant les profondeurs de la douleur ou du bonheur,

Comme un oiseau déconcerté

Qui cherche son nid mais ne sait pas où il se trouve,

Et chaque rêve qui hante, avec un faible plaisir,

L'heure somnolente entre le jour et la nuit,

L'heure de veille entre la nuit et le jour,—

Emprisonné, t'attend,

Impatient, aspire à toi,

La reine qui vient libérer le captif

Tu prêtes des ailes au chagrin pour s'envoler,

Et des ailes de joie pour atteindre une hauteur céleste ;

Et chaque désir stupide qui tempête dans la poitrine

Tu mènes à sangloter ou à chanter pour te reposer.

Tout cela est à toi, et donc l'amour est à toi.

Car l'amour est joie et chagrin,

Et un doute tremblant et une croyance certaine,

Et la peur, l'espoir et le désir inexprimé,

Dans la douleur la plus humaine et dans le ravissement bref

Presque divin.

L'amour voudrait posséder, mais s'approfondit lorsqu'il est nié ;

Et l'amour donnerait, mais il a faim de recevoir ;

Aimer comme un prince que son triomphe réaliserait ;

Et comme un avare dans le noir, ses joies se cacheraient.

L'amour est le plus audacieux :

Il mène ses rêves comme des hommes armés en ligne ;

Pourtant, lorsque le siège est établi et qu'il doit parler,

Appeler la forteresse à démissionner

Son trésor, son vaillant amour s'affaiblit,

Et il ose à peine dévoiler son dessein.

Moins avec ses lèvres chancelantes qu'avec ses yeux

Il réclame le prix tant attendu :

L'amour voudrait tout dire, mais laisse le meilleur sous silence.

Mais tu parleras par amour. Ouais, tu enseigneras

Le mystère du ton mesuré,

Le discours pentecôtiste

Que chaque auditeur entend comme le sien.

Car sur ta tête les langues de feu fendues, —

Des accords diminués qui frémissent de désir,

Et des accords majeurs qui brillent d'une paix parfaite,—

Sont tombés d'en haut;

Et tu peux donner la libération

En musique au cœur chargé de l'amour.

Son avec les « violoncelles » implorants et passionnés

Le thème du désir, et laisse la flûte répondre

Dans une mélodie placide, pendant que les violons se plaignent,

Et sangloter et soupirer,

Avec corde en sourdine ;

Alors laisse le hautbois chanter à moitié réticent

D'un bonheur qui tremble au bord de la douleur,

Pendant que les violoncelles plaident et plaident encore,

Avec des notes lancinantes retardées, cela donnerait

À chaque ton urgent, les battements du cœur.

Ainsi court l'andante, rendant clair

Les espoirs et les peurs de l'amour sans un mot.

Vient ensuite l'adagio, avec un thème cédant

À travers lequel les altos coulent doucement comme dans un rêve,

Tandis que les cors et les bassons doux se font entendre

D'un air tendre, cela semble flotter

Comme un bateau enchanté

Sur le ruisseau qui glisse vers le bas,

Vers la mer large et lumineuse de l'allegro

De tons dansants, scintillants et mélangés,

Où chaque instrument sonne librement,

Et des harpes comme des carillons de mariage sonnent et des trompettes sonnent

Autour de la barque de l'amour

Cela balaie, avec un ciel souriant au-dessus,

Une galère royale à plusieurs rames,

Dans le port heureux de l'accord parfait.

IX. IRIS

Lumière pour les yeux et Musique pour les oreilles,—

Ce sont les bâtisseurs du pont qui jaillit

Du rivage obscur de la terre aux choses à moitié mémorisées

Pour atteindre la maison de l'esprit, la sphère céleste

Où rien n'est silencieux et rien n'est sombre.

Alors quand je vois l'arc de l'arc-en-ciel

S'étendant sur le ciel averse, j'entends au loin

Musique, et chaque couleur chante :

Et tandis que la symphonie construit sa ronde

Pleine harmonie architecturale

Au-dessus de la marée du temps, loin, très loin, je vois

Un arc de couleur dans l'arc du son.

Rouge comme l'aube la trompette sonne,

La pourpre impériale coule du trombone,

La corne douce se fond dans la rose du soir.

Bleu comme le ciel, le chœur des cordes

S'assombrit en contrebasse jusqu'à la teinte de l'océan,

S'élève dans les violons jusqu'au bleu de midi,

Avec des fils de lumière frémissante traversés de part en part.

Vert comme le manteau que jette l'été

Partout dans le monde, les roseaux pastoraux au fil du temps

Brodez des mélodies de mai et juin.

Jaune comme l'or,

Oui, de l'or trois fois raffiné,

Et plus pur que les trésors de la mine,

Inondations de la voix humaine divine

Le long de l'arc, des chants choraux sont roulés.

Alors plie l'arc complètement :

Et un ravissement radieux coule

De l'autre côté du pont, si plein, si fort, si doux,

Que l'esprit élevé sait à peine

Que ce soit la Lumière Musicale qui brille

Dans l'arc des tons et des couleurs sept

Est-ce que le coucher du soleil est la paix de la terre ou le lever du soleil est la joie du ciel.

X. MER ET RIVE

Musique, je te cède ;

En tant que nageur vers la mer

Je donne mon Esprit au flot du chant :

Porte-moi sur ta poitrine

En ravissement et au repos,

Baigne-moi dans un pur délice et rends-moi fort ;

Des conflits et des luttes apportent la libération,

Et attirez les vagues de passion dans des marées de paix.

Des chansons dont je me souviens, très chère,

Dans les chansons vivantes que j'entends,

Tout en mélangeant les voix, elles se balancent et se balancent doucement

Dans des mélodies d'amour,

Dont les puissants courants bougent,

En chantant près et en chantant au loin ;

Doux dans la lueur de la lumière du matin,

Et plus doux encore à travers le golfe étoilé de la nuit.

Musique, en toi nous flottons,

Et perdre la note solitaire

De soi dans ta tension ordonnée céleste,

Jusqu'à ce qu'enfin nous trouvions

La vie d'aimer résignée

Dans une harmonie de joie retrouvée ;

Et des chansons qui égayaient nos jours mortels

Pause sur la côte de lumière dans des hymnes de louange sans fin.

Décembre 1901 - mai 1903.

PAIX

I. EN EXCELSIS

Deux demeures, Paix, sont à toi.

L'un est la hauteur de la montagne,

Élevé dans la solitude de la lumière

Au-delà du royaume des ombres, bien,

Et loin et clair, où l'avènement de la nuit

Signifie seulement la glorieuse proximité des étoiles,

Et l'aube, sans entrave, se lève au-dessus des barreaux

Le monde inférieur reste dans le crépuscule pendant si longtemps.

Tu ne dors pas et tu n'as pas besoin de dormir,

Car tous tes soucis et tes craintes ont disparu ;

La fatigue de la nuit, la fièvre du jour,

Sont bien au-dessous de toi ; et les guerres lasses de la terre,

En vain dépense de passion, passe

Devant ta vue comme des visions dans un verre,

Ou comme les rides de la tempête qui rampent

À travers la mer et ne laisse aucune trace

De trouble sur ce visage immémorial,—

Les conflits paraissent si brefs et si légers

Les blessures que les hommes infligent, les choses pour lesquelles ils se battent.

Ici est suspendue une forteresse sur la pente lointaine,—

Un lichen accroché au rocher :

Une flotte navigue sur les profondeurs,—

Un troupeau errant

Des mouettes aux ailes de neige : et là-bas, dans la plaine,

Un palais de marbre brille, un grain

Du mica scintillant sous la pluie.

Sous tes pieds les nuages roulent

Par des vents sans voix : et loin entre les deux

Les nuages qui roulent, de nouveaux rivages et de nouveaux sommets sont visibles,

Dans des robes chatoyantes de vert et d'or,

Et une légère teinte aérienne

Ce silence se fond dans le bleu silencieux.

Toi, depuis ta montagne,

Toute la journée, dans une sagesse tranquille, regardant en bas

Sur des scènes lointaines de labeur et de conflits humains,

Toute la nuit, les yeux conscients d'une vie plus élevée,

Regardant vers le ciel, là où les étoiles sont semées,

Regardez les champs éternels devenir blancs

À la moisson des fils de lumière,

Et bienvenue dans ta demeure sublime

Les quelques âmes fortes qui osent grimper

Les rochers glissants et te retrouve sur les hauteurs.

II. DE PROFUNDIS

Mais au fond tu as une autre demeure,

Pour les cœurs moins audacieux, ou plus fragiles.

Tu habites aussi dans la vallée ombragée ;

Et les âmes pèlerines qui errent

Avec les pieds fatigués par monts et par vaux,

Supporter le fardeau et la chaleur

Des jours pénibles,

Détournez-vous des chemins poussiéreux

Pour te retrouver dans ton vert et toujours reculer.

Il n'y a pas de vision à grande échelle

Devant le siège solitaire et exalté

De la connaissance globale. Ici, à la place,

Un petit jardin et un coin abrité,

Avec des perspectives brèves et douces

A travers les prés et le long du ruisseau,—

Un petit ruisseau que peu de gens connaissent

De la grande mer vers laquelle il coule volontiers, —

Un petit champ qui produit un peu de blé

Préparer une partie du pain quotidien de la Terre.

Les vastes armées de nuages au-dessus

Sont rassemblés, et le vent sauvage souffle

Sa trompette, mais tu ne peux pas le dire

D'où vient la tempête ni où elle va.

Et tu ne t'en soucies pas beaucoup, puisque tout va bien ;

Ta tâche quotidienne est accomplie,

Et bien que modeste,

Tu l'as donné de ton meilleur,

Et du contenu artistique pour se reposer

Dans la patience jusqu'à ce que sa lente récompense soit gagnée.

Tu ne regardes pas loin, mais ta vue est claire ;

Tu ne sais pas grand-chose, mais ta foi est chère ;

Car la vie est amour, et l'amour est toujours proche.

Ici l'amitié allume le feu, et chaque cœur,

Sûr de lui et sûr de tout le reste,

Ose être vrai et prend volontiers sa part

Dans une conversation ouverte, faisant ressortir le meilleur de lui-même :

Voici une musique douce, faisant fondre chaque chaîne

De lassitude et de douleur :

Et voici enfin le sommeil, le don des cadeaux,

La tendre infirmière, qui soulève

L'âme est fatiguée du monde éveillé,

Et le pose, avec ses pensées toutes enroulées,

Ses peurs oubliées, et ses passions encore,

Au sein profond de la Volonté éternelle.

Août 1901.

VICTOR HUGO 1802-1902

Cœur de la France depuis cent ans,

Passionné, sensible, fier et fort,

Rapide à palpiter de ses espoirs et de ses peurs,

Féroce à enflammer avec son sentiment du mal !

Toi qui as salué avec une chanson du matin

Lumière de rêve dorant un trône ancien :

Toi qui t'es retourné quand le rêve s'est refroidi,

Chantant toujours, à la lumière qui brillait

Pur de l'ancien trône de la Liberté,

Sur la foule humaine !

Toi qui as osé dans la sombre éclipse,—

Quand l'héritier pygmée d'un nom géant

La face du pays a été obscurcie par la honte, —

Dites la vérité avec des lèvres indignées,

Appelez petit celui que les hommes appelaient grand,

Se moquer de lui, le mépriser, le nier,

Montrez le sang sur sa robe d'État,

Jetez ses pots-de-vin et défiez-le !

Toi qui as affronté les vagues du destin

Alors que vous faisiez face à la mer depuis votre île natale,

Exilé, mais avec une âme exaltée,

Envoyant des chansons sur la mousse roulante,

Demander au cœur de l'homme d'attendre

Pour le jour où tout le monde devrait voir

Des flots de colère venant des cieux renfrognés

Tombez sur un empire fondé sur le mensonge,

Et la France soit à nouveau libre !

Toi, qui es venu au cours de l'année terrible

Retournez rapidement à votre terre brisée,

Maintenant à ton cœur mille fois plus cher,—

J'ai prié pour elle, chanté pour elle, combattu pour elle,

Travaillé patiemment et avec ferveur pour elle,

Jusqu'à ce qu'une fois de plus,

Après la tempête de peur et de douleur,

Haut dans le ciel, l'étoile de la France se dressait clairement !

Toi qui savais qu'un homme devait prendre

Bons et malades avec une âme inébranlable,

Tenir bon, pendant que les vagues roulent

Au-dessus de sa tête, vers les choses qui font

Une vie qui vaut la peine d'être vécue pour les grands et les petits,—

Honneur, pitié et vérité,

Le cœur et l'espoir de la jeunesse,

Et le bon Dieu par-dessus tout !

Toi pour qui le travail était le repos,

Travailleur intrépide de la mer,

Poursuivant toujours la joyeuse quête

De beauté sur les rivages de la vieille romance,

Barde des pauvres de France,

Et prêtre-guerrier de la charité mondiale !

Toi qui aimais le plus les petits enfants

De tous les poètes qui ont jamais chanté,

Grand coeur, coeur d'or,

Vieux et pourtant toujours jeune,

Ménestrel de la liberté,

Amoureux de toutes les choses libres et ailées,

Maintenant tu es enfin libre,—

Votre âme a ses ailes !

Cœur de la France depuis cent ans,

Flottant loin dans la lumière qui ne te fait jamais défaut,

Sur la tourmente des espoirs et des peurs des mortels

Victor, vainqueur à jamais, le monde entier te salue !

Mars 1902.

DIEU DU PLEIN AIR

je

Toi qui as rendu ta demeure belle
Avec des fleurs en dessous, en haut avec des lumières étoilées,
Et dressez vos autels partout, —
Sur les hauteurs des montagnes,
Dans les bois sombres de nombreux rêves,
Dans les vallées lumineuses de sources,
Et sur les caps courbes de chaque ruisseau :
Toi qui as pris les ailes pour toi
Du matin, pour demeurer
Sur les lieux secrets de la mer,
Et sur les îles lointaines, où la marée
Visite la beauté des rivages inexplorés,
En attendant que les fidèles viennent à toi
Dans tes grands dehors !
Vers toi je me tourne, vers toi je fais ma prière,
Dieu du plein air.

II

Je te cherche, le cœur de l'homme
J'ai couru seul et avec envie,
Dans cette première heure solitaire,
Quand le pouvoir mystérieux
Connaître et aimer les merveilles du matin
A été insufflé en lui, et son âme est née ;
Et tu as rencontré ton enfant,

Pas dans un sanctuaire caché,

Mais dans la liberté du jardin sauvage,

Et prends sa main dans la tienne,—

Là, il marchait toute la journée au Paradis,

Et dans la fraîcheur du soir, je parlais avec toi.

III

Perdu depuis longtemps, ce jardin lumineux et pur,

Perdu, cette journée calme trop parfaite pour être supportée,

Et j'ai perdu l'amour enfantin qui adorait et était sûr !

Car les hommes ont émoussé leurs yeux à cause du péché,

Et obscurci la lumière du ciel par le doute,

Et ils ont construit les murs de leur temple pour t'enfermer,

Et ils ont formulé leurs croyances de fer pour t'exclure.

Mais ce n'est pas pour toi que la porte se ferme,

Ô Esprit non confiné !

Tes voies sont libres

Comme le vent errant,

Et tu as courtisé tes enfants, pour restaurer

Leur communion avec toi,

Dans la tranquillité d'esprit et la simplicité d'esprit.

IV

Joyeux le cœur qui, quand le déluge passait,

J'ai bondi pour voir l'arc-en-ciel dans le ciel ;

Et heureux le pèlerin, dans la nuit solitaire,

Pour qui les collines de Haran, étage sur étage,

Construit un escalier secret vers la hauteur

Où des étoiles comme des yeux d'ange brillaient clairement.

Depuis les sommets des montagnes, dans de nombreux pays et époques,

Disciples du voyant persan

J'ai salué le soleil levant et je t'ai adoré ;

Et les adeptes épuisés du sage indien

J'ai trouvé la paix de Dieu sous un arbre qui s'étend.

Mais Un, mais Un, ah, mon enfant le plus cher,

Et image parfaite de l'Amour Invisible,—

J'ai marché chaque jour dans des pâturages verts,

Et toute sa vie les eaux tranquilles,

Lire leur beauté d'un œil tranquille.

Pour lui, le désert était un lieu préparé

Pour que les cœurs fatigués se reposent ;

Le flanc de la colline était un temple béni ;

La vallée herbeuse une salle de banquet

Où il pouvait nourrir et réconforter de nombreux invités.

Avec lui le lys a partagé

La joie vitale qui respire en fleur ;

Et chaque oiseau qui chantait à côté du nid

Raconté l'amour qui couve tout être vivant.

Il regarda le berger apporter

Son troupeau au coucher du soleil au bercail bienvenu,

Le pêcheur à l'aube s'envole

Son filet à travers les eaux grises et froides,

Et toute la journée, le patient faucheur se balance

Sa faucille courbée à travers l'or des récoltes.

Ainsi, à travers le monde, le sentier qu'il a parcouru,

Aspirant l'air du ciel dans chaque respiration ;

Et le soir, sacrifice de la mort

Sous le ciel ouvert, il a donné son âme à Dieu.

Je lui ferai confiance, et je le prendrai pour mon Maître ;

Je le suivrai; et pour son bien-aimé,

Dieu du plein air,

C'est à toi que je fais ma prière.

V

De la prison de la pensée anxieuse que l'avidité a construite,

Des chaînes que l'envie a forgées et que l'orgueil a dorées,

Du bruit des rues bondées et de la confusion féroce,

De la folie qui perd ses jours dans un monde d'illusion,

(Ah, mais la vie est perdue qui s'inquiète et languit là !)

Je m'évaderais et serais libre dans la joie du plein air.

Par l'étendue du bleu qui brille en silence sur moi,

Par la longueur des lignes de montagnes qui s'étendent devant moi,

A la hauteur du nuage qui navigue, avec repos en mouvement,

Par-dessus les plaines et les vallées jusqu'à l'océan sans mesure,

(Oh, comme la vue des choses grandes agrandit les yeux !)

Conduis-moi hors de la vie étroite, vers la paix des collines

et les cieux.

Tandis que la brume tremblante des feuilles sur la forêt s'étend,

Et la floraison sur la prairie trahit où May a mis les pieds ;

Tandis que les oiseaux sur les branches en haut et les ruisseaux coulant en dessous,

Chantons ensemble l'amour dans un monde plein d'émerveillement,

(Voici, dans la merveille du printemps, les rêves se transforment en vérité !)

Ravive mon cœur et restaure les belles espérances de la jeunesse.

Par la foi que montrent les fleurs lorsqu'elles s'épanouissent spontanément,

Par le calme du courant de la rivière vers un but caché,

Par la confiance de l'arbre qui s'accroche à ses fondations profondes,

Par le courage des ailes des oiseaux sauvages au cours de la longue migration,

(Merveilleux secret de paix qui demeure au sein de la nature !)

Apprends-moi à me confier, à vivre ma vie et à me reposer.

Pour la chaleur réconfortante du soleil que mon corps embrasse,

Pour la fraîcheur des eaux qui coulent dans les lieux ombragés,

Pour le baume des brises qui effleurent mon visage de leurs doigts,

Pour l'hymne vespéral de la grive quand le crépuscule s'attarde,

Pour la longue respiration, la respiration profonde, la respiration

d'un cœur insouciant,—

Je te rendrai grâce et t'adorerai, Dieu du plein air !

VI

Ce sont les cadeaux que je demande

De toi, Esprit serein :

De la force pour la tâche quotidienne,

Courage d'affronter la route,

Bon courage pour m'aider à supporter le fardeau du voyageur,

Et, pour les heures de repos qui s'écoulent,

Une joie intérieure pour tout ce qui est entendu et vu.

Ce sont les péchés que je désire

Voudrais-tu emporter :

Malice et froid dédain,

Colère brûlante, haine maussade,

Mépris des petits, envie des grands,

Et un mécontentement qui jette une ombre grise

Sur toute la luminosité du jour commun.

Ce sont les choses que j'apprécie

Et détiens la valeur la plus chère :

Lumière des cieux saphir,

Paix des collines silencieuses,

Abri des forêts, confort de l'herbe,

Musique des oiseaux, murmure des petits ruisseaux,

Ombre de nuages qui passent rapidement,

Et après la douche,

L'odeur des fleurs

Et de la bonne terre brune,—

Et le meilleur de tout, en chemin, l'amitié et la gaieté.

Alors laisse-moi garder

Ces trésors du cœur humble

En vraie possession, les posséder par amour ;

Et quand enfin je ne peux plus bouger

Entre eux librement, mais doit se séparer

Des champs verts et des eaux claires,

Ne me laisse pas ramper

Dans une pièce sombre et cache-toi

De tout ce qui rend le monde si brillant et si cher ;

Mais ouvre grand les fenêtres

Accueillir dans la lumière ;

Et pendant que je serre une main bien-aimée,

Laisse-moi une fois de plus avoir la vue

Du ciel profond et de la terre au sourire lointain,—

Puis endormez-vous doucement,

Et rends mon corps aux soins de la nature,

Mon esprit vers toi, Dieu du plein air.

SONNETS

TRAVAIL

Laisse-moi faire mon travail au jour le jour,

Dans les champs ou en forêt, au bureau ou au métier à tisser,

Sur une place de marché animée ou dans une pièce tranquille ;

Permettez-moi de trouver dans mon cœur la possibilité de dire :

Quand des souhaits vagabonds m'égarent,

"C'est mon travail ; ma bénédiction, pas ma perte ;

« De tous ceux qui vivent, je suis celui par qui

"Il est préférable que ce travail soit réalisé de la bonne manière."

Alors je le verrai ni trop grand, ni trop petit,

Pour convenir à mon esprit et prouver mes pouvoirs ;

Alors je saluerai joyeusement les heures de travail,

Et un tour joyeux, quand les longues ombres tombent

Le soir, pour jouer, aimer et se reposer,

Parce que je sais que pour moi, mon travail est le meilleur.

Avril 1902.

VIE

Laisse-moi vivre ma vie d'année en année,

Avec un visage avant-gardiste et une âme sans réticence ;

Ne pas se précipiter vers le but ni s'en détourner ;

Ne pas pleurer les choses qui disparaissent

Dans un passé obscur, sans me retenir par peur

De ce que voile l'avenir ; mais avec un tout

Et un cœur heureux, cela paie des tributs

À la jeunesse et à l'âge, et continue avec joie.

Alors laisse le chemin monter ou descendre la colline,

Qu'il soit rude ou doux, le voyage sera une joie :

Je cherche toujours ce que je cherchais quand j'étais encore un garçon,

Une nouvelle amitié, une grande aventure et une couronne,

Mon cœur gardera le courage de la quête,

Et j'espère que le dernier virage de la route sera le meilleur.

Mai 1902.

AMOUR

Laisse-moi aimer mon amour sans déguisement,

Ni porter un masque de mode ancienne ou nouvelle,

N'attendez pas non plus pour parler jusqu'à ce que j'entende un indice,

Ni jouer un rôle pour briller aux yeux des autres,

Je ne m'agenouillerai pas non plus devant ce que mon cœur nie ;

Mais ce que je suis, permettez-moi d'être vrai,

Et laisse-moi adorer là où mon amour est dû,

Et ainsi, par l'amour et l'adoration, permets-moi de m'élever.

Car l'amour n'est que la soif immortelle du cœur

Pour être complètement connu et tout pardonné,

Même comme les âmes pécheresses qui entrent au Ciel :

Alors prends-moi, chérie, et comprends mon pire,

Et pardonne-le librement, car avoué,

Et laisse-moi trouver en t'aimant mon meilleur.

Mai 1902.

L'ENFANT DANS LE JARDIN

Quand au jardin de la pensée sereine

Je suis arrivé récemment et j'ai vu la porte ouverte,

Et j'ai souhaité à nouveau entrer et explorer

Les voies douces et sauvages avec une floraison inoxydable forgée,

Et des berceaux d'innocence pleins de beauté,

Il semblait qu'une voix plus pure devait parler avant

J'ai osé fouler ce jardin aimé d'autrefois,

Cet Eden perdu inconnu et retrouvé sans être recherché.

Puis, juste derrière la porte, j'ai vu un enfant,—

Un enfant étranger, mais pourtant très cher à mon cœur ;

Il m'a tendu la main et m'a souri doucement

Avec des yeux qui ne connaissaient aucune ombre de péché ou de peur :

« Entrez, dit-il, et jouez un moment avec moi ;

"Je suis le petit enfant que tu étais."

Janvier 1903.

LA RAISON DE L'AMOUR

Parce que ton visage est beau, je ne t'aime pas ;

Ni encore parce que la lumière de tes yeux bruns

A des lueurs d'émerveillement et de joyeuse surprise,

Comme des ruisseaux de forêt qui traversent un endroit ensoleillé :

Ni pour ta beauté, née sans tache,

Le plus parfait quand il brille sans déguisement

Pure comme l'étoile d'Ève au Paradis,—

Pour toutes ces choses extérieures, je ne t'aime pas :

Mais pour quelque chose dans ta forme et ton visage,

Tes regards et tes manières, d'harmonie primordiale ;

Un certain charme apaisant, une grâce vitale

Cela respire l'éternelle femme,

Et me fait sentir la chaleur du sein de la Nature,

Quand je suis dans ses bras et dans les tiens, je m'enfonce pour me reposer.

Février 1904.

PORTRAIT ET RÉALITÉ

Si sur le rideau fermé de ma vue

Mon imagination peint ton portrait au loin,

Je te vois toujours le même, de nuit ou de jour ;

Traverser la rue bondée ou se déplacer lumineux

"Au milieu des foules festives, ou en lisant à la lumière

De la lampe ombragée du laïc d'un poète amical,

Ou guider les enfants dans leurs jeux,—

Le même moi doux et mon plaisir inchangé.

Mais quand je te vois près, je reconnais

De toutes les manières chères et familières, un étrange

La perfection, et voici en avril

La magie de ta beauté qui s'étend

À travers de nombreuses humeurs avec une surprise infinie,—

Jamais pareil, et plus doux à chaque changement.

Mai 1904.

LE VENT DE CHALEUR

Le feu de l'amour brûlait, pourtant si faible

Que dans l'obscurité nous pouvions à peine voir ses rayons,

Et à la lumière de jours parfaitement placides

Rien que des braises couvantes, sourdes et lentes.

En vain, pour le plaisir de l'amour, nous avons cherché à jeter

De nouveaux plaisirs sur le bûcher pour le faire flamber :

Dans l'air calme de la vie et dans les voies tranquilles et prospères

La chaleur rayonnante d'il y a longtemps nous a manqué.

Puis dans la nuit, une nuit de tristes alarmes,

Amer de douleur et noir de brouillard de peurs,

Cela nous a fait trembler dans les bras l'un de l'autre...

À travers le gouffre des ténèbres et des larmes salées,

Dans le calme de la vie est venu le vent du chagrin,

Et attisé le feu de l'amour jusqu'à ce qu'il soit la flamme la plus claire.

Mars 1903.

PATRIE

Je ne demanderais même pas à mon cœur de dire

Si je pouvais aussi aimer une autre terre

Comme toi, mon pays, avais-je ressenti le charme

D'Italie à la naissance, ou appris à obéir

Le charme de la France ou la puissante influence de l'Angleterre.

Je ne serais pas tellement un infidèle

Comme autrefois pour rêver, ou comme des mots pour raconter,

Quelle terre pourrait retenir mon amour loin de toi.

Car comme une loi de la nature dans mon sang

Je sens ta douce et secrète souveraineté,

Et tissé à travers mon âme ton signe vital.

Ma vie n'est qu'une vague, et toi le déluge ;

Je suis une feuille et toi l'arbre-mère ;

Je ne le serais pas non plus, si je n'étais pas à toi.

Juin 1904.

LÉGENDES

UNE LÉGENDE DE SERVICE

Cela a plu au Seigneur des Anges (louez Son nom !)

Pour entendre, un jour, le rapport de ceux qui sont venus

Avec une tristesse compatissante ou une joie exultante,

Pour parler des tâches terrestres à son service :

Car certains étaient désolés quand ils ont vu à quel point

Le courant de l'amour céleste sur terre doit couler ;

Et certains étaient heureux parce que leurs yeux avaient vu,

Le long de ses rives, des fleurs fraîches et de la verdure.

Alors, à une certaine heure, devant le trône

Le plus jeune ange, Asmiel, se tenait seul ;

Ni heureux, ni triste, mais plein de pensées sérieuses,

Et ainsi sa nouvelle au Maître apporta :

"Seigneur, dans la ville Lupon j'ai trouvé

"Trois serviteurs de ton saint nom, renommés

"Au-dessus de leurs semblables. L'un est très sage,

"Avec des pensées qui s'élèvent toujours au-dessus du ciel ;

"Et on est doué du discours d'or

"Cela rend les hommes heureux d'apprendre quand il enseignera ;

"Et un, sans don ni grâce rare,

"A gagné l'amour du peuple en faisant le bien.

« Avec trois de ces saints, Lupon est triplement béni ;

"Mais, Seigneur, j'aimerais savoir lequel t'aime le plus ?"

Alors parla le Seigneur des Anges, au regard duquel

Le cœur de chacun est comme un livre ouvert :

"Dans chaque âme, j'ai lu la pensée secrète,

"Et bien, je sais qui m'aime le plus.

"Mais chaque vie a encore des pages vacantes,

« Sur quoi un homme peut écrire ce qu'il veut ;

"C'est pourquoi je lis en silence, jour après jour,

"Et attends que les cœurs incultes apprennent ma voie.

"Mais tu iras à Lupon, aux trois

« Qui me sers là, et prends de moi cette parole :

"Dites à chacun d'eux que son Maître lui ordonne de partir

« Seul aux cabanes de Spiran, à travers la neige ;

" Là, il me trouvera une certaine tâche :

"Mais quoi, je ne le leur dis pas, ni à toi.

" Donne le message, fais de ma parole le test,

"Et couronne pour moi celui qui répondra le mieux."

L'ange se tenait silencieux, les mains jointes,

Prendre l'empreinte des commandements de son Seigneur ;

Puis il inspira, obéissant et ravi,

Et il passa, à la même heure, la porte de Lupon.

Il se dirigea d'abord vers la porte du Temple ;

Et là, parce que c'était un jour férié,

Il vit les gens se presser par milliers, agités

Par soif ardente d'entendre la parole du prédicateur.

Puis, tandis que les échos murmuraient le nom de Bernol,

Dans les allées silencieuses derrière lui, Bernol arrivait ;

Enfilé au plus haut degré de la puissance consciente,

Avec des lèvres préparées et fermes et des yeux brillants.

Un instant, sur les marches de la chaire, il s'agenouilla

Dans une prière silencieuse, et sur son épaule sentit

La main de l'ange : — « Le Maître t'ordonne de partir

"Seul aux cabanes de Spiran, à travers la neige,

"Pour le servir là-bas." Puis la face cachée de Bernol

Je suis devenu blanc comme la mort, et pour à peu près l'espace

Sur dix battements de cœur lents, il n'y avait pas de réponse ;

Jusqu'à ce que Bernol regarde autour de lui et murmure : « POURQUOI ?

Mais aucune réponse à sa question ne vint ;

L'ange soupira et, dans un soupir, il disparut.

Dans l'humble maison où Malvin a passé

Ses années studieuses, consacrées aux choses saintes,

Un doux calme régnait ; et là l'ange a trouvé

Le saint sage plongé dans une pensée profonde,

Tisser avec un labeur patient et des soins volontaires

Une toile de sagesse, merveilleuse et juste :

Une robe sans couture pour la grande rencontre nuptiale de Truth,

Et n'ayant besoin que d'un seul fil pour être complet.

Alors Asmiel lui toucha la main et cassa le fil.

D'une pensée fine, et dit très doucement,

"Celui dont tu penses t'ordonne de partir

"Seul aux cabanes de Spiran, à travers la neige,

"Pour le servir là-bas." Avec tristesse et surprise

Malvin leva les yeux, la réticence dans les yeux.

La pensée brisée, l'étrangeté de l'appel,

Le passage périlleux du mur de la montagne,

Le voyage solitaire et la durée

Des voies inconnues, trop grandes pour sa frêle force,

Il l'a consterné. Avec un front dubitatif

Il scanna la tâche douteuse et marmonna « COMMENT ?

Mais Asmiel répondit, alors qu'il se tournait pour partir :

D'une voix froide et découragée, "Je ne sais pas."

Alors qu'il partait, avec un espoir s'évanouissant, chercher

Le troisième et dernier à qui Dieu lui ordonna de parler,

À peine à vingt pas de là, qui rencontrerait-il

Mais Fermor, se précipitant joyeusement dans la rue,

Avec un cœur prêt à affronter son travail comme un jeu,

Et je suis heureux de le trouver chaque jour plus grand !

L'ange l'arrêta avec la main levée,

Et donna sans délai l'ordre de son Seigneur :

"Celui que tu sers ici voudrait que tu partes

"Seul aux cabanes de Spiran, à travers la neige,

"Pour Le servir là-bas." Avant qu'Asmiel respire à nouveau

La réponse enthousiaste vint à sa rencontre : « QUAND ?

Le visage de l'ange, plein de joie intérieure, s'éclaira,

Et toute sa silhouette brillait d'une lumière céleste ;

Il a enlevé le cercle d'or de son front

Et il remit la couronne à Fermor, en répondant : « Maintenant !

"Car tu as réussi le test demandé par le Maître,

"Et j'ai trouvé l'homme qui l'aime le plus.

" Ni le tien, ni le mien, pour questionner ou répondre

"Quand Il nous commande, en demandant 'comment ?' ou "pourquoi?"

« Il connaît la cause ; ses voies sont sages et justes ;

"Qui sert le Roi doit le servir avec une parfaite confiance."

Février 1902.

LE VAIN ROI

Le roi était habillé de robes bleues tyriennes,

Un collier de bijoux brillait sur sa poitrine,

Un rubis géant brillait dans sa couronne—

Seigneur de riches terres et de nombreuses villes splendides.

En lui les gloires d'une ancienne lignée

Des rois sobres, qui gouvernaient selon le droit divin,

Étaient centrés; et à lui avec une crainte fidèle

Le peuple recherchait un leadership et une loi.

Dix mille chevaliers, sauvegarde du pays,

Posez-vous comme une seule épée dans sa main ;

Cent tribunaux, avec pouvoir de vie et de mort,

Proclamé des décrets de justice par son souffle ;

Et toutes les excroissances sacrées que les hommes avaient connues

L'ordre et la règle soutenaient son trône.

Le roi était fier : mais pas avec un tel cœur

Comme il convient à un homme de jouer un rôle royal.

Ce n'est pas sa fierté qui honore en tant que confiance

Le droit de gouverner, le devoir d'être juste :

Ce n'est pas sa dignité qui se penche pour porter

Le joug du monarque, la charge de soins du maître,

Et travaille comme le paysan à sa porte,

Servir le peuple et protéger l'État.

Une autre fierté était la sienne, et d'autres joies :

Pour lui, la couronne et le sceptre n'étaient que des jouets,

Avec lequel il jouait au jeu inutile de la gloire,

Pour se faire plaisir et remporter les couronnes de la gloire.

Le trône que ses pères ont détenu d'âge en âge,

Pour son ambition, cela semblait une étape appropriée
Construit pour que le roi Martin puisse l'exposer à volonté,
Sa force immense et son talent universel.

Aucun enfant conscient, qui, gâté par les louanges, essaie
A chaque pas pour gagner des regards admiratifs,—
Pas de saltimbanque préféré, dont le jeu attire
De la foule béante, un tonnerre d'applaudissements,
Était plus vain que le roi : sa seule soif
Il fallait être salué, à chaque course, le premier.
Quand le tournoi avait lieu, sous une forme chevaleresque
Le roi monterait en lice et remporterait le prix ;
Quand la musique charmait la cour, avec une lyre dorée
Le roi montait sur scène et dirigeait le chœur ;
A la chasse, il a la lance pour tuer le sanglier ;
En colportage, voyez son faucon s'envoler au plus haut ;
En peinture, il brandissait le pinceau du maître ;
Dans un grand débat : « Le roi parle ! Chut !
Ainsi, avec un cœur inquiet, dans tous les domaines
Il recherchait la renommée et trouva ses sujets céder
Comme s'il était un demi-dieu révélé.

Mais pendant qu'il jouait aux petits jeux de la vie
Son royaume tomba en proie à des conflits intérieurs ;
La corruption s'est infiltrée à travers la cour, sans qu'on y prête attention,
Et sur le siège d'honneur la justice dormait.
Les forts ont foulé les faibles ; les pauvres sans défense
Gémi sous des fardeaux pénibles à supporter.
La richesse de la nation a été dépensée en vain,

Et la faiblesse a épuisé le cœur de la nation.

Mais ne pensez pas que la Terre soit aveugle aux malheurs humains.

L'homme a plus d'amis et d'aides qu'il n'en connaît ;

Et quand un peuple patient est opprimé,

La terre qui les a portés le sent dans son sein.

Esprits des champs et des inondations, de la bruyère et des collines,

Sont affligés et en colère contre la propagation du mal ;

Les arbres se plaignent ensemble la nuit,

Des voix de colère se font entendre sur les hauteurs,

Et des vœux secrets sont prononcés, par ruisseau et par rivage,

Pour abattre le tyran et libérer la terre.

Mais le roi choyé ne se souciait guère de ceux-ci ;

Il n'entendit aucune voix autre que celle de louange et de s'il vous plaît.

Flatté et trompé, vainqueur dans tous les sports,

Un jour, il errait les bras croisés avec sa cour

Au bord de la rivière, cherchant à concevoir

De nouvelles façons de montrer son talent aux yeux étonnés.

Là, dans le ruisseau, se tenait un pêcheur patient,

Et jeta sa ligne à travers le flot ondulant.

Son butin d'argent gisait près de lui sur le green :

« De tels poissons, s'écriaient les courtisans, n'ont jamais été vus !

"Trois saumons plus longs qu'un fût de toile...

"Cet homme doit être le maître de son métier !"

"Un art facile !" le roi jaloux répondit :

"Moi-même, je pourrais mieux l'apprendre, si j'essayais,

"Et attrapez une centaine de plus gros poissons par semaine—

« Accepterez-vous le défi, mon ami ? Parlez !

Le pêcheur se retourna, s'approcha et plia le genou :

" Ce n'est pas aux rois de lutter avec des gens comme moi ;

"Mais si le Roi l'ordonne, j'obéis.

"Mais je prie pour une condition du conflit :

"Le pêcheur qui rapporte le moins à terre

"Fera tout ce que l'autre peut commander."

Le roi éclata de rire : « Tu es un pêcheur insensé !

"Car je gagnerai et te gouvernerai alors comme maintenant."

Alors au prince Jean, une âme sobre et calme

Et lentement, le roi Martin quitta la tête de l'État,

Tandis qu'au jeu du roman avec un zeste avide

Il consacre tout son temps et tous ses pouvoirs.

Bien sûr, un tel spectacle n'a jamais été vu auparavant !

Car vêtu et couronné, le monarque foulait le rivage ;

Ses crochets d'or étaient ornés de fines plumes,

Son moulinet orné de bijoux déployait une ligne de soie.

Avec des coups royaux, il fouetta le ruisseau de cristal,

Au loin, le saumon voyait briller son agrès ;

Insoucieux des rois, ils regardaient avec un calme dédain

Le leurre criard, et Martin a pêché en vain.

Vendredi, alors que la semaine était presque terminée,

Il scruta son cantre vide avec mécontentement,

J'ai appelé un filet et je l'ai lancé au loin,

Et j'ai tiré — mille ménés de la marée !

Puis vint le pêcheur pour conclure le match,

Et aux pieds du monarque étalait sa prise...

Une centaine de saumons, plus gros qu'avant...

"Je gagne!" il s'écria : « Il faut que le roi paie la note.

Alors Martin, en colère, jeta son tacle :
"Plutôt que de perdre ce match, je perdrais ma couronne !"

Non, tu les as perdus tous les deux, dit le pêcheur ;
Et pendant qu'il parlait, une merveilleuse lumière fut projetée
Autour de sa forme ; il a laissé tomber ses vêtements,
Et à sa place, on vit le dieu-fleuve.
"Ta vanité t'a amené en mon pouvoir,
« Et tu paieras le forfait à cette heure :
"Car tu t'es montré un fou royal,
"Trop fier pour orienter, et trop vaniteux pour gouverner.
"Désireux de gagner dans chaque conflit insignifiant,—
" Vas-y ! Tu pêcheras le vairon toute ta vie ! "
Courroucé, le roi entendit la phrase méprisante ;
Il s'efforça de répondre, mais il se contenta de CHIRR-R-ED :
Sa robe tyrienne a été changée en ailes bleues,
Sa couronne est devenue une crête, — il s'est envolé !

Et pourtant, au bord du ruisseau,
Le vain martin-pêcheur voltige, une lueur azurée,—
Vous voyez sa crête rubis, vous entendez son cri de jalousie.

Avril 1904.

PAROLES

UN MILLE AVEC MOI

O qui marchera un mile avec moi

Sur le bon chemin de la vie ?

Un camarade joyeux et plein de joie,

Qui ose rire aux éclats et librement,

Et laisse jouer sa fantaisie gambadante,

Comme un enfant heureux, gay à travers les fleurs

Qui remplissent le champ et bordent le chemin

Où il marche un mile avec moi.

Et qui marchera un kilomètre avec moi

Sur le chemin fatiguant de la vie ?

Un ami dont le cœur a des yeux pour voir

Les étoiles brillent sur la lumière qui s'assombrit,

Et le repos tranquille à la fin de la journée,—

Un ami qui sait et ose dire :

Les mots courageux et doux qui réjouissent le chemin

Où il marche un mile avec moi.

Avec un tel camarade, un tel ami,

J'aimerais marcher jusqu'à la fin des voyages,

Sous le soleil d'été, sous la pluie d'hiver,

Et puis ?... Adieu, nous nous reverrons !

Décembre 1902.

LE PRINTEMPS AU SUD

Maintenant dans le chêne coule la sève de la vie,

Mais à la branche, le feuillage rouillé s'accroche ;

Maintenant, sur l'orme, les bourgeons brumeux gonflent,

Voyez comme la pinède grandit avec des ailes ;

Les geais bleus palpitent, yodelnent et pleurent,

Les alouettes des prés naviguant bas au-dessus de l'herbe fanée,

Des oiseaux rouges sifflant clairement, des rouges-gorges silencieux volant,—

Qui a réveillé les oiseaux ? Que s'est-il passé ?

Les cotonniers de l'année dernière, s'inclinant désespérément,

Tremblez dans le vent de mars, en lambeaux et désespéré ;

Rouges sont les flancs des collines des premiers labours,

Les plaines sont grises, attendant le maïs.

La Terre semble encore endormie, mais elle ne fait que simuler ;

Au fond de son sein règne une douce inquiétude.

Regarde où le jasmin pleut abondamment

La douche dorée de Jupiter dans le sein de Danaé !

Maintenant, sur la prune, la fleur enneigée est tamisée,

Maintenant sur la pêche la gloire de la rose,

Sur les collines, une tendre brume dérive,

Le fleuve Jaune coule à ras bord.

Des branches de cyprès sombres aux joyaux éclatants scintillent,

Plus vert que les émeraudes qui brillent au soleil.

Qui a opéré la magie ? Écoute, chérie, écoute !

L'oiseau moqueur chante. Le printemps a commencé.

Écoutez, dans sa chanson aucun tremblement d'inquiétude !

Il met tout son cœur dans son laïc,

"Amour, amour, amour et pur délice de vivre :

L'hiver est oublié : voici une journée heureuse !"

Juste en face, j'ai lu le présage fleuri,

Neigeux sur ton front et rose sur ta bouche :

Doux dans ta voix, j'entends le message de la saison,—

Amour, amour, amour et printemps dans le Sud !

Mars 1904.

LA PROXIMITÉ DE L'AMOUR

Je pense à toi, quand les rayons dorés du soleil scintillent

À travers la mer;

Et quand les vagues reflètent la pâle lueur de la lune,

Je pense à toi.

Je vois ta forme, sur la route lointaine

Les nuages de poussière s'élèvent ;

Dans la nuit la plus profonde, au-dessus du chemin de la montagne,

Je vois tes yeux.

Je t'entends quand les marées océaniques reviennent

Réjouissez-vous bruyamment ;

Et sur la lande solitaire, dans le calme et le désir,

J'entends ta voix.

J'habite avec toi : bien que tu sois loin,

Pourtant tu es proche.

Le soleil se couche, les étoiles brillent,—

Bien-aimé,

Ah, étais-tu ici !

De Goethe : « Nahe des Geliebten ».

DEUX ÉCOLES

J'ai mis mon cœur à l'école

Dans un monde où les hommes deviennent sages,

« Sortez, lui dis-je, et apprenez la règle ;

"Reviens quand tu gagnes un prix."

Mon cœur est revenu à nouveau :

"Maintenant, où est le prix ?" J'ai pleuré.-

"La règle était fausse et le prix était la douleur,

"Et le nom du professeur était Pride."

J'ai mis mon cœur à l'école

Dans les bois, où tout le monde chante,

Et les ruisseaux coulent frais et clairs ;

Dans les champs où poussent les fleurs sauvages,

Et le bleu du ciel se rapproche.

"Sortez", dis-je : "vous êtes à moitié idiot,

"Mais peut-être qu'ils pourront t'apprendre ici."

"Et pourquoi restes-tu si longtemps,

"Mon cœur, et où vas-tu?"

La réponse est venue avec un rire et une chanson :

"Je trouve que cette école est chez moi."

Avril 1901.

UNE PRIÈRE POUR L'ANNIVERSAIRE D'UNE MÈRE

Seigneur Jésus, tu as connu

L'amour et les soins tendres d'une mère :

Et tu entendras, tandis que pour les miens

Mère très chère, je fais cette prière d'anniversaire.

Protégez sa vie, je prie,

Qui m'a fait le don de la vie ;

Et puisse-t-elle savoir, de jour en jour,

La lueur de plus en plus profonde de la Vie qui vient de Toi.

Comme autrefois sur son sein

Intrépide et bien content, je m'allonge,

Alors laisse son cœur, sur toi au repos,

Sentez les peurs s'éloigner et les problèmes s'estomper.

Tous ses souhaits se réalisent ;

Et même si tu dois refuser

En tout, laisse ta sage volonté

Un réconfort apporté comme celui que les bonnes mères utilisent.

Ah, tiens-la par la main,

Comme autrefois sa main tenait la mienne ;

Et même si elle ne comprend peut-être pas

Le chemin sinueux de la vie, conduis-la dans la paix divine.

Je ne peux pas payer ma dette

Pour tout l'amour qu'elle a donné ;

Mais toi, Seigneur de l'amour, tu n'oublieras pas

Sa récompense : bénissez-la sur la terre et au ciel.

Juillet 1903.

ÉTÉ INDIEN

Un voile doux obscurcit les cieux tendres,

Et cache à moitié aux yeux pensifs

Les jetons bronzants de l'automne ;

Un calme règne sur les collines,

Et le rêve d'adieu de l'été distille

Un charme de silence sur l'ensemble.

Les meules de maïs, en rangée brune,

Attendez pendant la journée tranquille,

Comme des wigwams en lambeaux dans la plaine ;

Les tribus qui y trouvent refuge

Sont des peuples fantômes, des formes d'air,

Et des fantômes de joie et de douleur disparues.

Le soir quand la crête cramoisie

Du coucher du soleil passe à l'ouest,

J'entends le retour de l'hôte chuchotant ;

Dans les champs lointains, près des ormes et des chênes,

Je vois les lumières, je sens la fumée,——

Les feux de camp du passé brûlent.

Tertius et Henry Van Dyke.

Novembre 1903.

UN SEUL MONDE

"Les mondes dans lesquels nous vivons sont deux

Le monde « je suis » et le monde « je fais ».

Les mondes dans lesquels nous vivons au fond ne font qu'un,

Le monde « je suis », fruit du « j'ai fait » ;

Et sous ces mondes de fleurs et de fruits,

Le monde "J'aime", la seule racine vivante.

CACHE-CACHE

je

Tous les arbres dorment, tous les vents se taisent,

Tous les troupeaux de nuages laineux ont erré devant la colline ;

A travers le silence de midi, dans les bois de juin,

Écoutez, une petite voix de chasseur retentit avec une mélodie.

"Cache-cache!

"Quand je parle,

"Vous devez me répondre :

"Appelle encore une fois,

"Joyeux hommes,

"Coo-ee, cou-ee, roucou-ee !"

Maintenant j'entends ses pas, bruissant dans l'herbe :

Caché dans mon coin de verdure, dois-je le laisser passer ?

Juste un sifflement bas et doux, vite le chasseur se retourne,

Se jette sur moi en riant, me roule dans les fougères.

"Tiens-le vite,

« Enfin attrapé !

"Maintenant tu l'es, tu vois.

" Cache ton œil,

"Jusqu'à ce que je pleure,

"Coo-ee, cou-ee, roucou-ee !"

II

Il m'a quitté il y a longtemps, il y a longtemps :

Maintenant, j'erre à travers le monde et je le cherche haut et bas ;

Caché en sécurité et heureux, dans un endroit agréable,—

Ah, si je pouvais entendre sa voix, je retrouverais bientôt son visage.

Loin,

Plusieurs jours,

Où peut être Barney ?

Réponds, chérie,

Vous n'entendez pas ?

Roucou, roucou, roucou !

Des oiseaux qui, au printemps, faisaient vibrer son cœur de joie,

Des fleurs qu'il aimait cueillir pour moi, pensez à mon garçon.

Il attend sûrement que mes pas approchent ;

L'amour peut se cacher un moment, mais l'amour ne peut jamais mourir.

Cœur, sois heureux,

Le petit garçon

Je t'appellerai un jour :

"Père cher,

"Le paradis est ici,

"Coo-ee, cou-ee, roucou-ee !"

Janvier 1900.

DULCIS MÉMOIRE

Il y a très, très longtemps, j'ai entendu une petite chanson,

(Ah, c'était il y a longtemps, ou hier ?)

Si humble, enroulant lentement la mélodie,

C'est si loin dans mon cœur qu'il a trouvé le chemin :

Une mélodie consolante et attachante ;

Et pourtant, dans les heures silencieuses, j'entends souvent

La petite chanson douce qui ne s'éteint pas.

Il y a très, très longtemps, j'ai vu une petite fleur,—

(Ah, c'était il y a longtemps, ou hier ?)

Si beau de visage et parfumé pendant une heure,

Ce quelque chose qui m'est cher semblait dire :

Une pensée de joie qui s'est épanouie

Sans un mot; et maintenant je vois souvent

La fleur sympathique qui ne se fane pas.

Il y a très, très longtemps, nous avons eu un petit enfant,—

(Ah, c'était il y a longtemps, ou hier ?)

Dans les yeux de sa mère et dans les miens, il a souri

Amour inconscient ; au chaud dans nos bras, il gisait.

Un ange appelé ! Cher cœur, nous ne pouvions pas le retenir ;

Et pourtant, secrètement, tes bras et les miens l'entourent...

Notre petit enfant qui ne s'en va pas.

Il y a très, très longtemps ? Ah, mémoire, dis-le clairement—

(C'était il n'y a pas si longtemps, mais hier,)

Si petit et si impuissant et si cher

Que la chanson ne se perde pas, la fleur pourrit !

Sa voix, ses yeux éveillés, son doux sommeil :

Les plus petites choses sont les plus en sécurité sous ta garde.

Doux souvenir, garde toujours notre enfant avec nous.

Avril 1903.

L'AUTOMNE AU JARDIN

Quand le baiser glacial de l'automne dans le noir

Fait sa marque

Sur les fleurs, et le matin brumeux s'afflige

Sur les feuilles mortes ;

Puis mon vieux jardin, où la terre dorée

À travers le labeur

De cent ans est doux, riche et profond,

Chuchote dans son sommeil.

"Au milieu des parterres froissés de soucis et de phlox,

Où est la boîte

Borde de son vert brillant les anciennes promenades,

Il y a une voix qui parle

Des espoirs humains qui ont fleuri et fané ici

Année par année,-

Des rêves de joie qui égayaient toutes les heures de travail,

Se fanant comme les fleurs.

Pourtant, l'histoire murmurée n'aggrave pas le chagrin ;

Mais le soulagement

Car la solitude du chagrin semble couler

Depuis longtemps,

Quand je pense à d'autres vies qui ont appris, comme la mienne,

Démissionner,

Et souviens-toi que la tristesse de l'automne

Cela se ressemble pour tous.

Quels regrets, quels désirs pour les perdus !

Et quelles prières

Pour la force silencieuse qui nous donne le courage d'endurer

Des choses que nous ne pouvons pas guérir !

Arpentant et parcourant le jardin où ils arpentaient,

j'ai tracé

Tous leurs chemins de patience bien tracés, jusqu'à ce que je trouve

Du réconfort dans mon esprit.

Faibles et lointains, leurs anciens chagrins apparaissent :

Pourtant, à quelle distance

Est-ce que la voix tendre, le visage soucieux et bienveillant,

De la race humaine !

Promenons-nous ensemble dans le jardin, mon très cher cœur,

Pas à part !

Eux qui connaissent les chagrins que d'autres vies ont connus

Ne marchez jamais seule.

Octobre 1903.

LE MESSAGE

Se réveiller d'un tendre sommeil,

Le petit enfant de mon voisin

Tends-moi sa main de bébé,

J'ai regardé mon visage et j'ai souri.

On aurait dit qu'il était venu

De retour d'un pays heureux,

Pour me dire quelque chose que mon cœur

Je comprendrais sûrement.

Quelque part, parmi des rêves brillants,

Un enfant qui était autrefois le mien

Lui avait murmuré un amour sans paroles,

Et je lui ai fait signe.

Confort d'un discours bienveillant,

Et les conseils des sages,

M'a moins aidé que ce que j'ai lu

Dans ces yeux profondément souriants.

Dors doucement, petit ami,

Et rêve encore du ciel :

Avec un double amour, je baise ta main,—

Votre message a été transmis.

Novembre 1903.

LUMIÈRE ENTRE LES ARBRES

Long, long, long le sentier

À travers l'obscurité maussade de la forêt,

Dans la vallée sombre et solitaire

Dans le silence, comme une pièce

Où la lumière de la vie s'est enfuie,

Et les rideaux jaloux se ferment

Autour du repos sans passion

Des morts silencieux.

Avancez, avancez, avancez à grands pas,

Pas à pas dans la mousse moisie ;

Des branches épaisses barrent le jour

Sur les ruisseaux langoureux qui se croisent

Doucement, lentement, avec un son

Dans leur rampement sans but

Comme des pleurs étouffés,

À travers le sol enchanté.

"Cédez, cédez, cédez à votre quête",

Chuchote à travers les profondeurs des bois ;

"Viens à moi et repose-toi;

"Je dors, je dors."

Alors les pieds fatigués tomberaient en panne,

Mais la volonté jamais intimidée

Exhorte « En avant, en avant encore !

« Continuez le long du sentier !

Poitrine, poitrine, poitrine la pente !

Vous voyez, le chemin devient raide.

Écoutez ! une petite chanson d'espoir

Quand le ruisseau commence à bondir.

Même si la forêt, au loin,

Il bloque toujours le bleu courbé,

Nous allons enfin gagner,

Traversez le long fossé.

En avant, en avant clochard !

Le voyage ne finira-t-il jamais ?

Là-bas se trouve le camp ;

La bienvenue nous y attend, mon ami.

Pouvons-nous l'atteindre avant la nuit ?

Vers le haut, vers le haut, n'ayez crainte !

Regardez, le sommet doit être proche ;

Voyez la ligne de lumière !

Rouge, rouge, rouge l'éclat

De la splendeur de l'ouest,

Brillant à travers les rangs des pins,

Dégagez le long de la crête de la montagne !

Long, long, long le sentier

Hors de la vallée solitaire du chagrin ;

Mais enfin le voyageur voit

Lumière entre les arbres !

Mars 1904.

DÉPENDANCE

Pas au rapide, la course :
Pas aux forts, le combat :
Pas aux justes, grâce parfaite :
Pas sage, la lumière.

Mais les pieds vacillent souvent
Venez le plus sûrement au but ;
Et ceux qui marchent dans les ténèbres se rencontrent
Le lever du soleil de l'âme.

Mille fois la nuit
Les hôtes syriens sont morts ;
Mille fois la droite vaincue
Est ressuscité, glorifié.

La vérité recherchée par les sages
A été parlé par un enfant ;
La boîte en albâtre a été apportée
Dans des mains tremblantes souillées.

Pas de ma torche, la lueur,
Mais depuis les étoiles ci-dessus :
Pas de mon cœur, courant cristallin de la vie,
Mais du plus profond de l'Amour.

Octobre 1903.

SALUTATIONS ET INSCRIPTIONS

LE CADRAN SOLAIRE DE KATRINA

Les heures passent,

Les fleurs meurent :

De nouveaux jours,

De nouvelles façons:

Passer à côté!

L'amour reste.

**

Le temps est

Trop lent pour ceux qui attendent,

Trop rapide pour ceux qui ont peur,

Trop longtemps pour ceux qui pleurent,

Trop court pour ceux qui se réjouissent ;

Mais pour ceux qui aiment,

Le temps ne l'est pas.

À JAMES WHITCOMB RILEY

Sur son "Livre des Enfants Joyeux"

Votre jardin est rempli de fleurs d'antan ;

Les enfants joyeux aiment y jouer ;

Les hommes fatigués trouvent le repos dans ses berceaux,

Regarder la lumière persistante du jour là-bas.

Airs d'antan et rires de jeunes amoureux

Ondule et court parmi les roses ;

Les échos de la mémoire, murmurant après,

Remplissez le crépuscule lorsque la longue journée se termine.

Des chansons simples avec une cadence ancienne—

Voici ce que vous avez appris dans la forêt d'Arden :

Des fleurs amicales aux cœurs tout dorés—

Vous les avez empruntées au jardin d'Eden.

C'est la raison pour laquelle tous les hommes vous aiment ;

La vérité sur la vie est le charme de l'art :

D'autres poètes peuvent planer au-dessus de vous...

Vous restez proche du cœur humain.

Décembre 1903.

UNE SANTÉ À MARK TWAIN

Lors de sa fête d'anniversaire

Avec des souvenirs anciens et des souhaits nouveaux

Nous couronnons à nouveau nos coupes,

Et voici pour vous, et voici pour vous

Avec un amour qui ne diminuera jamais !

Et puisses-tu garder, à soixante-sept ans,

La joie de la terre, l'espoir du ciel,

Et une renommée bien méritée et une amitié véritable,

Et la paix qui réconforte chaque douleur,

Et la foi qui mène la bataille jusqu'au bout,

Et toute la richesse illimitée de ton cœur,

Et tout ton esprit et toute ta santé,—

Oui, voici une bonne santé pour vous,

Et voici pour vous, et voici pour vous,

Longue vie à toi, Mark Twain.

UN RONDEAU DE COMPTES COLLÉGIENNES

Nos rimes de collège, comme elles semblent légères,

Comme les petits fantômes du jeune rêve d'amour

Cela a éloigné nos cœurs d'enfant

Des conférences et des livres, pour s'égarer

Au bord de l'hydromel fleuri et du ruisseau qui coule !

Il n'y a rien ici, ni dans la forme ni dans le thème,

De la pensée sublime ou de l'art suprême :

Nous ne voudrions pas que la critique pèse

Notre collège rime.

Mais si, par hasard, une fine poutre

De l'éclat des sentiments ou de l'éclat de la fantaisie

S'attarde toujours dans les lignes que nous posons

Aux pieds d'Alma Mater aujourd'hui,

Le contact de la nature peut racheter

Notre collège rime.

Mai 1904.

L'OISEAU MOQUEUR

Dans la joie, il se moque des autres oiseaux à midi,

Attraper le rythme de chaque mélodie facile ;

Mais quand le jour s'en va, il chante l'amour,—

Sa propre chanson sauvage sous la lune qui l'écoute.

Mars 1904.

LE QUATRAIN VIDE

Une tasse impeccable : comme c'est délicat et fin

La courbe fluide de chaque ligne de bijoux !

Écoute, monte ou baisse le son, c'est encore parfait,—

Mais il ne contient aucune goutte du vin réconfortant de la vie.

Avril 1904.

INSCRIPTIONS POUR LA MAISON D'UN AMI

LA MAISON

La pierre angulaire de la Vérité est posée,

Les murs gardiens de l'Honneur faits,

Le toit de la Foi est construit au-dessus,

Le feu dans le foyer est Amour :

Même si les pluies tombent et que les vents forts appellent,

Cette heureuse maison ne tombera jamais.

LE PORTE

Le linteau suffisamment bas pour empêcher la pompe et l'orgueil d'entrer :

Le seuil suffisamment élevé pour mettre de côté la tromperie :

Le bandeau de porte suffisamment solide pour se défendre contre les voleurs :

Cette porte s'ouvrira d'un simple contact pour accueillir chaque ami.

LA PIERRE DE FOYER

Quand les bûches brûlent gratuitement,

Alors le feu est plein de joie :

Quand chaque cœur donne le meilleur de lui-même,

Ensuite, le discours est plein d'entrain :

Allumez votre feu et n'ayez crainte,

La vie a été faite pour l'amour et la joie.

LE CADRAN SOLAIRE

Le temps ne peut jamais prendre

Quelle heure n'a pas donné;

Quand mes ombres seront toutes passées,

Vous vivrez.

LA STATUE DE SHERMAN PAR ST. GAUDENS

C'est le soldat assez courageux pour le dire

Le monde ébloui par la gloire que « la guerre est un enfer » :

Amoureux de la paix, il regarde au-delà des conflits,

Et traverse l'enfer pour sauver la vie de son pays.

Avril 1904.

LE CADRAN SOLAIRE AU WELLS COLLEGE

L'ombre projetée par mon doigt

Divise le futur du passé :

Avant cela, dort l'heure à venir

Dans les ténèbres et au-delà de ton pouvoir :

Derrière sa ligne implacable,

L'heure disparue, qui n'est plus la tienne :

Une heure seulement est entre tes mains,—

Le MAINTENANT sur lequel se dresse l'ombre.

Mars 1904.